AF468624

ÉLECTEURS
GARDE A VOUS !

ÉLECTION
DES SÉNATEURS ET DES DÉPUTÉS
EN 1876

Par

A. SALME

Propriétaire à Joué

PRIX : DIX CENTIMES

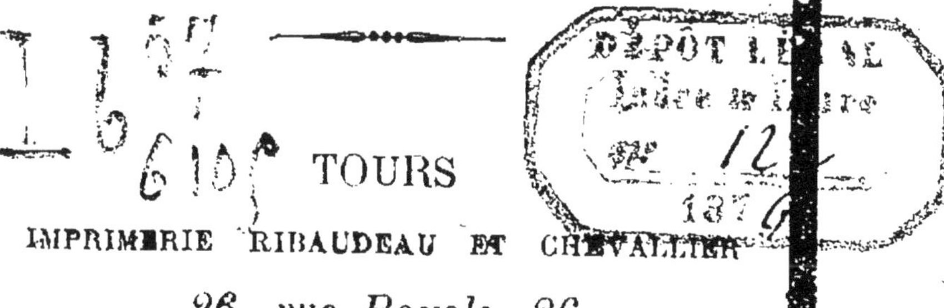

TOURS
IMPRIMERIE RIBAUDEAU ET CHEVALLIER
26, rue Royale, 26

Électeurs! Garde à vous!

BIBLIOTHÈQUE NATIONALE R.F.

ÉLECTION

DES SÉNATEURS ET DES DÉPUTÉS

L'époque solennelle approche enfin où va s'ouvrir, pour la nomination des *sénateurs* et pour l'élection des *députés* à la nouvelle Assemblée nationale, une lutte de la plus grave, de la plus haute importance, et qui est depuis longtemps impatiemment attendue par le pays.

L'importance de ce mouvement de la nation et surtout du résultat électoral qui se produira est telle, que les destinées de la France, heureuses ou malheureuses, en dépendront sans aucun doute.

Car, bien que la *République* ait été légalement reconnue et établie le 25 février 1875, les partis adverses ne s'y soumettent pas !

Et chose étrange, inouïe, dans l'Assemblée nationale qui a voté le régime républicain, dans le ministère lui-même ou le gouvernement, les partisans monarchistes restent à l'état hostile !

Voici la situation :

D'une part, le pays, en immense majorité, est résolûment attaché au régime républicain et anti-clérical. Il en a donné les preuves les plus manifestes, les plus irrécusables dans la composition des conseils généraux de départements, des conseils d'arrondissement, des conseils municipaux et dans le choix aux élections supplémentaires et partielles de députés, qui ont eu lieu depuis 1871. Partout les républicains ont été élus en majorité considérable.

D'une autre part, voici une assemblée, un gouvernement, qui ont la prétention de lutter, de marcher contre la volonté et les aspirations d'un grand peuple comme la France !

C'est donc au pays, le juge souverain, qu'il faut recourir pour mettre un terme à une pareille situation si préjudiciable à la sécurité et aux intérêts les plus vitaux de la nation.

A cet effet, nous adressons un appel chaleureux à la démocratie.

Que le peuple continue de conserver sa conduite calme, résignée, soumise aux lois même les plus dures, les plus contraires à ses intérêts.

Plus de révolutions, de mouvements insurrectionnels ni de violences. La démocratie possède, par le suffrage universel, une arme légale bien autrement puissante et efficace : *Le bulletin de vote.*

Dans la lutte qui va s'ouvrir, deux grandes préoccupations, toujours présentes à l'esprit, devront être le guide unique de la masse des électeurs :

D'un côté, la grande image de la Patrie qu'il faut relever des immenses désastres de la guerre de 1870, en lui assurant la sécurité de l'avenir et un gouvernement défini et définitif, afin qu'elle puisse développer sa merveilleuse fécondité par le travail, par l'industrie et le commerce :

D'une autre part, l'impérieuse nécessité de constituer, dans le Sénat et dans la nouvelle Assemblée nationale, une *majorité* démocratique, considérable par le nombre ainsi que par la valeur morale et politique de ses membres.

C'est pour avoir méconnu ce grand devoir de relever le pays écrasé, en renonçant à ses tendances et à ses préférences personnelles, et pour n'avoir pas possédé cette majorité, qui s'impose comme une autorité souveraine, que l'Assemblée nationale actuelle a été, pendant quatre années, un sujet de profonde douleur pour la France et d'étonnement pour les nations étrangères.

Elle a été élue, six mois après la chute de l'empire, le 8 fevrier 1871, « dans un *jour de malheur*, » selon la parole naïve échappée à un de ses ministres et alors que la France était vaincue, les deux tiers de son territoire occupés par l'ennemi et que la population terrifiée par une guerre désastreuse, impossible à continuer, n'aspirait plus qu'à un traité de *paix*.

Tous les hommes qui se présentèrent alors en se proclamant les partisans de la paix ont donc été ses candidats, ont été élus par cette seule considération.

Comment cette Assemblée nationale

s'est-elle présentée ? Quelle devait être sa mission et l'étendue de ses pouvoirs ?

Devait-elle se borner à conclure le *traité de paix* avec la Prusse et pourvoir aux intérêts les plus urgents du pays?

Possédait-elle le pouvoir souverain et le droit de donner à la France sa nouvelle constitution ?

Après de longues et vives discussions, elle s'est proclamée souveraine et être armée du pouvoir constituant.

Voyons donc comment elle a compris et accompli cette mission qu'elle s'est elle-même attribuée.

Divisés en *différents partis* politiques exclusifs, hostiles, fractionnés eux-mêmes en *groupes*, faute d'accord sur certains points de la conduite à suivre, chaque parti a combattu pour son propre drapeau.

La *droite extrême*, c'est-à-dire les purs de la monarchie légitime, héréditaire et de droit divin, demandaient leur roi, le comte de *Chambord*.

Le *centre droit*, le parti de la monarchie dite constitutionnelle, celle qui avait été inaugurée en 1830, au profit de la branche des princes d'Orléans, combattit d'abord pour son propre roi, le *comte de Paris*, fils aîné du fils aîné du roi Louis-Philippe, mais ensuite s'est fractionné en groupes flottants qui se rallient tour à tour selon les circonstances, à l'un ou à l'autre de ces deux genres de monarchie et quelquefois à la République.

La *gauche* ou le parti de la *République*, qui compte également plusieurs groupes à tendances différentes, mais qui, dans toutes les décisions importantes, se présente toujours en une union compacte.

Le *centre gauche*, dont le plus grand nombre, composé des hommes les plus recommandables par leur situation politique antérieure, par leur fortune, par leurs talents, se sont franchement ralliés à la *République* et votent avec la gauche, mais qui a aussi des groupes hésitants, lesquels vont tantôt à la monarchie, tantôt à la République, selon le vent qui souffle et selon l'inspiration qui semble devoir mieux favoriser leur intérêt personnel.

Enfin, le parti *bonapartiste* qui, malgré la déchéance solennelle dont la dynastie a été frappée, veut avoir aussi sa place dans la représentation du pays. Infime par le nombre de ses membres, le parti bonapartiste n'est jamais qu'un *appoint* pour former la majorité, selon le côté de l'Assemblée auquel il se décide, tour à tour, à porter ses voix.

Dans de telles conditions, au moyen de pareils éléments de dissidence et d'exclusion réciproques, quelle pouvait être l'œuvre de l'Assemblée nationale avec ces différents partis et ces groupes dont la force numérique arrivait souvent à s'équilibrer ?

On a vu, pendant quatre années, le spectacle qu'elle a offert.

Tiraillée en sens divers, incertaine, hésitante, presque jamais assurée d'avoir la majorité pour les votes les plus importants, que de fois l'Assemblée nationale est revenue sur ses décisions, que de fois elle s'est déjugée du jour au lendemain et quelquefois dans la même séance.

Animés à l'origine de sentiments *libéraux*, les différents partis monarchiques s'étaient prononcés contre l'oppression du pouvoir central et en faveur de la *décentralisation administrative*, en faveur des *franchises municipales*, de la nomination des *maires* par les *conseils municipaux* eux-mêmes, de la liberté de la presse, etc., etc.

Mais, depuis et à partir de la démission de M. Thiers, en 1873, de la présidence de la République, une politique réactionnaire a succédé aux tendances libérales. Un gouvernement dit de *combat* a remplacé celui de la modération et de la marche progressive du gouvernement précédent.

Par une conséquence forcée, inévitable, cette division, ce fractionnement de l'Assemblée nationale, en différents partis ont dû se reproduire dans la composition et dans la marche du *ministère* lui-même et du *gouvernement*.

En effet, obligé de compter avec chacun des divers partis de l'Assemblée nationale, le ministère a dû se former, se composer lui-même, à l'image de celle-ci, d'éléments, de personnages qui ne sont pas d'accord sur tous les points et qui n'ont pas la même opinion politique.

Alors, voici l'œuvre de réaction qui s'est produite :

La nomination de leurs *maires* a été enlevée aux conseils municipaux, pour être attribuée soit aux préfets, soit au chef du pouvoir exécutif.

L'*état de siége,* qui investit les généraux commandants de places ou de division des pouvoirs arbitraires les plus absolus, a été maintenu dans la *moitié* des départements de la France.

De là, les atteintes les plus graves à la liberté de la presse périodique et à la propriété littéraire, par la suspension des journaux, par l'interdiction de la vente de leurs numéros sur la voie publique.

Le *suffrage universel*, cette base essentielle de l'organisation politique actuelle, a été *mutilé* pour l'élection des conseils *municipaux.* Dans le projet du gouvernement de combat et des partis monarchiques, une atteinte plus étendue et plus grave était également dirigée contre le suffrage universel, relatif aux *élections des députés.* Heureusement le coup a été détourné et la proposition rejetée.

Pour les élections législatives, le vote *uninominal* par arrondissement et à la commune a été substitué au vote par *scrutin* de liste au département.

Par cette mesure de réaction, l'Assemblée nationale ne s'est-elle pas montrée singulièrement oublieuse et ingrate ? Elle qui se plaisait souvent à justifier sa puissance de souveraineté par cela qu'elle avait été élue par ce même scrutin de liste et au chef-lieu de département, par le suffrage direct, universel ?

Enfin, la *candidature officielle*, c'est-à-dire la présentation officielle des personnages choisis par le gouvernement et appuyée, préconisée par la série innombrable de ses agents, sera rétablie. Flétrie comme un moyen honteux par les hommes qui veulent aujourd'hui la faire revivre, elle a été une des causes qui ont entraîné la chute du dernier empire.

Telle a été, dans la confection des *lois générales*, la conduite flottante, contradictoire de la majorité de l'Assemblée nationale.

Voyons maintenant et pour l'établissement de la *constitution*, comment elle a procédé et à quel régime elle a dû forcément aboutir dans cette œuvre capitale.

En 1873, les partis monarchiques croyaient avoir enfin atteint le but si ardemment désiré, l'avènement de leur roi, du *roi Henri V*, comte de Chambord, au trône de ses aïeux.

Une question secondaire en apparence, la substitution du *drapeau blanc* au drapeau *tricolore*, impérieusement exigée par le roi Henri V vint tout rompre, faire tout écrouler.

En présence de cet échec, de cette chute désormais irréparable, à quelle résolution extrême l'Assemblée nationale s'est-elle vue réduite, acculée à son devoir de donner enfin une constitution à la France ?

Elle a voté et établi elle-même, malgré elle la RÉPUBLIQUE, le 25 février 1875, à la majorité considérable de 171 suffrages sur 679 votants.

A cette grande nouvelle, un immense soulagement éclata dans le pays.

Enfin, disait-on de toutes parts, l'avenir, la sécurité de la France sont assurés. Les partis dissidents, adversaires du régime républicain vont faire taire leurs prétentions et se soumettre à l'institution nouvelle qu'ils ont eux-mêmes contribué à fonder.

Eh bien ! il n'en est pas ainsi. Dans l'Assemblée comme dans le ministère ou le gouvernement, les partis hostiles à la République ne désarment pas ! Nous l'avons déjà annoncé, en commençant.

Savez-vous sur quelle raison ils s'appuient pour justifier cette conduite factieuse ?

Ils invoquent la faculté de *réviser* la constitution républicaine du 25 février 1875, révision qui est prévue dans l'art. 8.

D'abord et jusqu'à 1880, c'est-à-dire pendant toute la durée des pouvoirs du maréchal de Mac-Mahon, la révision ne peut avoir lieu que sur la proposition du maréchal lui-même.

En second lieu, est-ce que le mot *réviser* entraîne le droit de *renverser*, de détruire complétement, comme le pensent les partis monarchiques ? Est-ce que, d'après le sens propre, naturel du mot, réviser ne veut pas dire plutôt *améliorer*, compléter l'œuvre primitive ?

Les royalistes ont voté la constitution révisable dans l'espoir d'y placer un jour la monarchie ;

Les républicains, dans la pensée bien arrêtée de la modifier plus tard en y introduisant, ce qui lui manque, des institutions conformes aux justes aspirations de la démocratie.

En tout cas et quelle que soit l'interprétation qu'on prétende donner à ce mot, il y a une chose certaine, absolument incontestable, c'est que tant que la loi constitutionnelle de 1875 ne sera pas révisée, elle doit être *respectée*, *obéie* par tous.

Vienne un gouvernement définitif, il saura faire son devoir à cet égard.

Jusque-là, toutefois, on aperçoit les embarras, les obscurités, l'équivoque de la situation où le pays se trouve placé en présence de tous ces éléments hostiles qui l'enlacent.

Est-ce que, dans une pareille conjoncture et parmi tant d'écrivains de haut talent, à conviction honnête et patriotique, il ne se présentera pas de ces plumes rayonnantes de vérité qui viendront éclairer le pays tout entier sur la gravité de la situation actuelle ?

C'est à ces écrivains privilégiés, que la démocratie a le bonheur de compter nombreux dans ses rangs, que nous faisons appel. Eux seuls ont le secret de ce langage clair, précis, entraînant, qui porte la conviction dans tous les esprits cultivés et qui subjugue, en même temps, les masses illettrées elles-mêmes.

Il se produira, il ne faut pas en douter, des écrits, des brochures avec la portée et dans l'esprit que nous désirons, lesquels, répandus par centaines de mille exemplaires sur tous les points du territoire, dissiperont les ténèbres, les équivoques honteuses, les faiblesses, les intrigues des partis politiques dont notre époque nous offre le tableau plein de tristesse.

Mais il faut se hâter. Le temps presse, les circonstances peuvent précipiter la dissolution de l'Assemblée nationale de 1871 et par suite l'ouverture des élecions générales à une date prochaine (1).

Dans la prévision de cette éventualité plus ou moins imminente, nous voulons essayer, dans la mesure de notre faible autorité, de remplir, dans ce même but, ce que nous considérons comme un devoir envers les électeurs de notre département.

Or, puisque les partis monarchiques ont la prétention factieuse de vouloir

---

(1) Il a déjà paru, dans l'*Union liberale* des 5 et 6 décembre 1875, deux excellents articles dans ce sens et pleins de lumière, signés par un député de l'Aisne, M. Henri Martin, l'auteur célèbre d'une Histoire de France.

tout remettre en question et en discussion, il faut apprécier leurs manœuvres, réduire et peser à leur juste mesure la valeur des espérances et des droits de leurs prétendants respectifs à la reprise de la possession de la France.

Voici l'ordre dans lequel nous nous proposons de passer en revue rapide les éléments de cette situation et de la politique actuelle :

I. — MONARCHIE LÉGITIME, HÉRÉDITAIRE ET DE DROIT DIVIN. — BRANCHE AINÉE DES BOURBONS. — CONSÉQUENCES INÉVITABLES DE SON RETOUR, S'IL ÉTAIT JAMAIS POSSIBLE.

II. — MONARCHIE DITE constitutionnelle DES PRINCES D'ORLÉANS. — BRANCHE CADETTE DES BOURBONS. — QUEL AVENIR PEUT-ELLE AVOIR DEPUIS LE DÉPOT DE SES PRÉTENTIONS AUX PIEDS DU COMTE DE CHAMBORD, LE SEUL ROI LÉGITIME?

III. — RETOUR A L'EMPIRE PAR NAPOLÉON IV ET L'APPEL AU PEUPLE. — QUELLES EN SERAIENT LES CONSÉQUENCES FATALES, SI PAREIL ÉVÉNEMENT ÉTAIT JAMAIS POSSIBLE?

IV. — RÉPUBLIQUE. — DÉSORMAIS GOUVERNEMENT LÉGAL DU PAYS EN VERTU DES LOIS CONSTITUTIONNELLES DES 24 ET 25 FÉVRIER 1875. — APPRÉCIATION DE CETTE FORME DE GOUVERNEMENT. — DIGNITÉ ET SUPÉRIORITÉ DE CE RÉGIME SUR TOUS LES AUTRES.

V. — APPEL AUX ÉLECTEURS. — RÈGLES

DE CONDUITE A TENIR AU GRAND JOUR DES ÉLECTIONS DU SÉNAT ET DES DÉPUTÉS, AU MILIEU DES PIÉGES, DES PRESSIONS QUI VONT SE PRODUIRE CONTRE LA LIBERTÉ DE LEUR VOTE.

Cet examen successif fera l'objet de deux autres articles.

On va passer en une revue rapide et apprécier à leur juste valeur, comme on l'a annoncé dans le premier article, les divers prétendants au gouvernement de la France, tous déchus et renversés, en faisant ressortir les conséquences fatales de leur retour ou rétablissement, s'il était jamais possible.

I. — Monarchie légitime héréditaire et du droit divin. — Branche aînée des Bourbons. — Conséquences inévitables de son retour, s'il était jamais possible.

Le prétendant légitime de cette monarchie, dont les droits à la couronne ont été déjà suspendus en 1830, par suite de l'usurpation du trône par les princes d'Orléans, de la branche cadette, c'est le *comte de Chambord.*

Il remonterait sur le trône de ses aïeux, sous le nom de *Henri V.*

En 1873, les royalistes eurent un moment la joie d'avoir réalisé cette douce espérance par suite de l'adhésion du centre droit à la droite extrême.

Les voix avaient été soigneusement comptées et contrôlées et une majorité honorable assurée.

La branche cadette des Bourbons, les princes d'Orléans (pas tous), renonçant à leurs prétentions au trône, étaient allés en déposer l'hommage aux pieds de leur roi, qui, malgré l'abrogation des lois d'exil contre les familles des Bourbons, s'obstine à demeurer loin de sa patrie sur la terre étrangère ?

Des délégués des partis monarchiques avaient été, de leur côté, envoyés près du roi pour accomplir et consommer le grand acte d'une nouvelle Restauration. Tout semblait donc sourire au succès.

Une question secondaire, la substitution du drapeau *blanc* au drapeau *tricolore*, obstinément exigée par le roi Henri V, a fait crouler tout l'échafaudage et renversé toutes les espérances.

C'est peut-être de dessein prémédité, que le comte de Chambord s'est attaché à faire de la couleur du drapeau une condition expresse de son acceptation de la couronne !

Il était convaincu que le drapeau blanc ne pourrait jamais être imposé a l'armée « dont les chassepots seraient partis *tout seuls,* » selon une parole attribuée au maréchal de Mac-Mahon, et qui n'a jamais été démentie.

Plus clairvoyant et plus loyalement patriotique peut-être que ses partisans, le comte de Chambord a compris que sa dynastie n'était pas populaire en France, avec ou sans le drapeau blanc.

En conséquence, il aurait résolu de ne

pas faire l'essai d'une nouvelle restauration du régime monarchique dont il est le dernier représentant, afin d'éviter à sa patrie les catastrophes d'une révolution à courte échéance. — C'est une hypothèse qu'on peut admettre ou proposer, sans blesser la dignité du comte de Chambord.

Dans le parti royaliste, il y a un grand nombre d'hommes qui sont d'une loyauté, d'une bonne foi sincères.

Ils ont la conviction que la France est mornarchique, qu'un roi, le leur seul, est la base essentielle de la sécurité et de la grandeur de la nation.

Prenez tous leurs journaux ; vous y lirez chaque jour que le roi est la personnification du *droit*, de la *justice* et même de la *liberté* ! En dehors du roi, il n'existe pas de principes, pas de gouvernement possible.

Un journal sérieux de Paris, l'*Union*, place et laisse constamment figurer au frontiscipe de sa feuille l'épigraphe suivante, qui résumerait la pensée du règne de son roi :

« Le *droit* pour base, l'*honnêteté* pour moyen; la *grandeur morale* pour but. »

Grands mots sonores dont on ne donne jamais la définition ni les preuves à l'appui de la vérité, de la sincérité de leur mise en application.

Laissons donc les hommes de ce parti, qui sommeille depuis 1830, à leurs naïves illusions. Elles ne sont pas dangereuses.

Toutefois et dans l'hypothèse inadmis-

RF

sible d'avénement du roi Henri V, voici, en quelques traits, quelles seraient les conséquences forcées de ce retour à la monarchie dite *légitime*.

Qui dit roi légitime et envoyé de Dieu, dit roi *catholique ultramontain*, absolument soumis au *Pape*.

Donc déclaration de *guerre* immédiate à l'*Italie*, pour la forcer à restituer au souverain-pontife les États et provinces dont elle l'a dépouillé... Et la guerre n'aurait pas lieu seulement contre l'Italie, mais également contre la *Prusse*, l'*Allemagne*, qui est devenue dans ces derniers temps l'alliée de l'Italie, et qui a pour politique accentuée de réprimer les abus et envahissements du catholicisme. — Telle serait l'admirable perspective de sécurité pour la France!

Ensuite, rétablissement de l'*Eglise catholique* dans toute sa puissance d'autrefois, avec sa supériorité et son droit d'exclusion de tous les autres cultes.

Devançant l'avènement du roi, depuis si longtemps, mais en vain désiré, nous voyons les progrès déjà accomplis par la marche envahissante du catholicisme, du *parti clérical* et des *Jésuites*.

A peine ont-ils obtenu de la majorité royaliste de l'Assemblée nationale la liberté de l'*enseignement supérieur*, qu'ils ont osé manifester la prétention de porter une main impie sur notre *Code civil*. Ils ont la prétention, s'attaquant à la *propriété* et au *mariage*, de vouloir transformer le droit de succession qui existe par égalité entre tous les enfants, et de donner au mariage *religieux* la *priorité* et la supériorité sur le mariage devant le *maire*. De sorte que nos officiers municipaux ne pourraient procéder qu'aux seuls mariages qui auraient été déjà consentis et consacrés par le *prêtre* !

L'éteignoir catholique viendrait, au IX° siècle, s'abaisser sur la raison, sur la conscience humaine, sur la liberté de penser et même sur la *science*, malgré ses démonstrations mathématiques, irréfutables !

Cette nuit ne se fera pas. Non, non. Nous en avons pour garant l'immense majorité de la nation, les masses populaires qui ont une invincible répulsion contre la domination et les envahissements du jésuitisme, et du parti clérical.

Il faudrait aussi une *noblesse* avec tous ses droits et priviléges, avec tous les excès et les abus du *moyen-âge*.

Tout cet échafaudage croulera, toutes ces prétentions audacieuses s'évanouiront au jour du réveil et des élections générales, comme les mauvais songes d'une nuit agitée. (*a*)

II. — *Monarchie dite constitutionnelle des princes d'Orléans, branche cadette des Bourbons. — Quel avenir peut-elle avoir depuis le dépôt de ses prétentions aux pieds du comte de Chambord, le seul roi légitime?*

Cette famille comptait dans l'Assemblée nationale et même dans le pays un nombre de partisans assez nombreux.

(*a*) Sur la monarchie de droit divin, voy. ci-après aux annexes, p. .

Aujourd'hui, elle n'a plus d'avenir politique, non-seulement parce qu'elle est allée abjurer son usurpation de 1830, et déposer aux pieds du comte de Chambord ses prétentions au trône, mais aussi à cause des habiletés insidieuses, des manœuvres et des fluctuations politiques sans vergogne de ce parti, sur lequel nul ne peut compter désormais.

Il y a aussi un grief qui est vivement reproché à la famille de ces princes, c'est leur âpreté démesurée pour la fortune.

A peine rentrés en France, dont les portes venaient de leur être ouvertes par l'abrogation des lois d'exil prononcées contre eux, leur première pensée, leur premier acte a été de réclamer au Trésor public et de se faire payer une somme de *quarante millions* qui avaient été retenus sur leurs biens immenses par le spoliateur Napoléon III. — On a pensé, avec juste raison, que les convenances devaient leur commander plus de discrétion, dans un moment où la France, écrasée par les désastres de la guerre de 1870, venait de payer à la Prusse une rançon de guerre de cinq milliards.

III. — Retour à l'Empire par Napoléon IV et l'appel au peuple. — Quelles en seraient les conséquences fatales si pareil événement était jamais possible ?

Ici l'esprit se trouble. On ne comprend pas aujourd'hui comment les prétentions de ce régime si funeste à la France peuvent encore se produire, tantôt dissimulée et latentes, le plus souvent publiques, audacieuses, éclatant au grand jour.

Des raisons, des considérations décisives s'élèvent pleines de force et d'actualité pour imposer un silence absolu au parti impérialiste.

Il y a, au premier rang, la *déchéance* solennelle prononcée contre la *dynastie des Napoléon* par l'Assemblée nationale actuelle, dans sa mémorable séance du 1er mars 1871.

C'est, on le sait, au cours de la douloureuse discussion des *préliminaires de paix*, que cette juste et légitime sentence a été prononcée.

Naturellement, on maudissait, on flétrissait dans ce moment l'auteur de la guerre insensée de 1870 et des désastres inouïs qui sont venus, à sa suite, écraser la France.

Du banc des *cinq* députés de la *Corse*, des protestations, des récriminations insolentes osèrent s'élever.

C'est alors, que l'Assemblée nationale tout entière, s'associant à l'indignation du pays, exécuta la dynastie des Napoléon dans les termes suivants :

« L'Assemblée nationale clôt l'incident,
» et, dans les circonstances douloureuses
» que traverse la patrie et en face de pro-
» testations et de réserves inattendues,
» *confirme* la *déchéance de Napoléon III*
» et de sa dynastie, déjà prononcée par
» le suffrage universel, et la déclare res-

» ponsable de la ruine, de l'invasion et » du démembrement de la France.» (Acclamations prolongées). — *Moniteur universel* du 3 mars 1871.

Cette décision solennelle, toujours en pleine vigueur et dont personne n'a jamais eu l'idée de demander l'abrogation, se trouve donc ouvertement violée tous les jours par les manœuvres publiques, par les actes et par les journaux bonapartistes, militant tous pour le retour à ce régime néfaste.

Comment l'Assemblée nationale ne s'est-elle pas émue elle-même de cette violation audacieuse, permanente de sa grave et solennelle sentence ?

Comment les différents ministères qui ont occupé le gouvernement depuis 1871, comment les procureurs généraux, dont le devoir rigoureux est de faire respecter les lois, n'ont-ils pas donné des ordres pour réprimer une aussi flagrante violation?

Cette étrange inertie a son explication : c'est cette fatalité d'une absence de *majorité* dans l'Assemblée nationale où il suffit de quelques voix pour la rompre ou la déplacer.

Comme le groupe des bonapartistes, composé de 20 à 25 membres, n'est qu'un *appoint*, on voit la nécessité d'éviter de le combattre, de l'irriter : autrement le ministère se trouverait à chaque instant disloqué et obligé de se retirer à défaut de l'appui des voix de ce groupe. Quelle pitoyable situation !

La seconde considération qui rend impossible le retour du régime impérial se tire de la position et de la qualité des *personnes.*

Celui qui serait appelé à prendre le gouvernement de la France est un *adolescent,* il *n'est pas majeur*!

Il serait soutenu, dirigé par sa mère qui *n'est pas Française.* Femme espagnole, elle a dû conserver au fond du cœur un amer souvenir de la chute de l'empire et des cruelles défaites de la guerre de 1870, qui était « *sa guerre* à elle, impératrice, » comme elle l'a dit dans le conseil des ministres de l'époque.

Le prince impérial, cet adolescent qui ne s'est pas distingué dans ses études et à son passage à l'école anglaise de Woolwich, est le successeur *direct* et par *hérédité* au trône, en vertu des constitutions impériales de 1852 et. 1870. Exactement comme cela a lieu pour les descendants des monarques légitimes et de droit divin avec leurs 14 siècles d'existence!

Eh bien! dans de telles conditions, dans la position exceptionnellement grave, difficile, où se trouve la France, qui donc ne reculerait pas d'épouvante à la seule pensée de vouloir confier à de pareilles mains et à un *enfant* les destinées de notre malheureuse patrie, qui doit tous ses revers, tous ses désastres à cette famille des Napoléon?

Maintenant, quelles seraient les *conséquences* fatales, inéluctables du retour à l'empire, si jamais il était possible qu'il eût lieu ?

D'abord, une dotation ou *liste civile* forte et somptueuse serait allouée au jeune empereur de 19 ans. Elle serait, par an, de *quarante millions* au moins. Car de nos jours le jeune prince n'aurait peut-être pas l'occasion de ces superbes coups de fortune qui ont favorisé le règne de son glorieux père.

De nouveaux *impôts*, alors que le pays en est déjà écrasé, seraient nécessaires pour pourvoir à la grandeur et aux largesses de la nouvelle cour du jeune empereur

Aussi bien et d'ailleurs, il faudra satisfaire la bande famélique des partisans et courtisans, dont les appétits, aiguillonnés par cinq années d'attente, seront d'une exigence terrible, facile à comprendre.

Il lui faudrait, au jeune empereur, comme à son père, des corps de troupe privilégiée pour son auguste personne : des *gardes du corps*, une *garde impériale*. Admirables institutions qui ont pour résultat de blesser profondément l'égalité, ce sentiment, ce besoin si vif de la démocratie française, et de soulever dans les autres corps de troupe des excitations fâcheuses de jalousie et de rivalité !

Une autre conséquence du retour à l'Empire, bien autrement grave, redoutable que celles qui précèdent, serait la déclaration d'une *guerre* de *revanche* à la Prusse, immédiate.

Immédiate, car le 3e empire n'aurait pas

d'autre but, d'autre raison d'être que de chercher à laver la honte ineffaçable de la guerre de 1870 et de la capitulation de Sedan par une autre guerre.

Cette guerre de 1870, conçue et exécutée sans organisation, sans plan, sans direction, et dans laquelle cependant notre vaillante armée s'est immortalisée par des charges et des luttes de géants,et à l'occasion desquelles on a pu dire avec orgueil que « nos braves soldats étaient des *lions* conduits par des *ânes.* »

La dynastie des Napoléon n'a jamais eu d'ailleurs d'autre prestige et n'a pu se soutenir que par la guerre.

Napoléon 1er l'a faite pendant vingt ans dans l'Europe entière, en laissant partout des ruines, des hécatombes d'hommes épouvantables.

Napoléon III, à peine monté sur le trône, avait déclaré dans un manifeste prononcé à Bordeaux que « le 3e empire c'était la *paix.* »

Parole fallacieuse, mensongère, qui avait pour but de rassurer le pays contre le retour à la désastreuse politique du premier empire et d'amortir les instinctives répulsions de la nation contre ce régime.

Assurance ouvertement trompeuse, à laquelle les événements sont venus donner un rapide et cruel démenti.

La guerre de *Crimée* contre la Russie, la guerre d'*Italie* contre l'Autriche, la guerre odieusement futile et insensée contre le *Mexique*, la guerre plus monsrueuse encore et plus insensée contre la *Prusse* : tels sont les témoignages sanglants de la paix si pompeusement promise par Napoléon III.

Elles ont coûté à la France plus de dix milliards peut-être et plusieurs centaines de mille hommes dont les cadavres ont jonché tous les champs de bataille !!

La France a subi l'outrage de *trois invasions* par l'ennemi. Qui en a été la cause, l'auteur à jamais criminel ? La dynastie des Napoléon toujours, cette dynastie seule.

Napoléon 1er nous a attiré ce fléau deux fois consécutivement, en 1814 et en 1815 ; et Napoléon III nous a valu l'invasion la plus cruelle de toutes, l'invasion de 1870.

Est-ce assez de malheurs, de ruines, de désastres ! Et faut-il s'exposer à en subir de nouveaux ?

La guerre nouvelle, que le retour de l'empire amènerait fatalement, serait, cette fois, l'anéantissement de la France, « ce *noble blessé,* » selon la touchante parole de M. Thiers, dont les plaies ne sont pas encore cicatrisées, qui n'a aucun allié et qui est loin d'être prêt à une revanche.

Notre implacable ennemi, dont la force et l'organisation militaire se développent et s'accroissent sans cesse, nous surveille et n'attend que cette occasion.

Lorsque la Prusse nous a imposé, pour rançon de la guerre de 1870, cette somme de *cinq milliards*, inouïe, et dont on n'a jamais vu d'exemple dans aucun temps et chez aucun peuple, elle avait la certitude que la France serait à jamais écrasée et dans l'impuissance d'acquitter cette somme qui touche au fabuleux.

Eh bien ! le noble blessé s'est relevé par un effort sublime : il a fait appel au patriotisme de tous : la somme a été souscrite, trouvée, livrée avec les intérêts et les frais d'occupation, et le sol de la patrie purgée de la présence de l'ennemi !

L'ennemi ne soupçonnait pas cette puissance de ressources, cette admirable fécondité de la France.

Quelle serait, dès lors, la nouvelle rançon qui nous serait demandée et quels sacrifices nouveaux de territoire et de provinces nous seraient imposés à la suite d'une autre guerre ! La pensée seule remplit d'épouvante. (*b*)

La dynastie des Napoléon, chose incroyable après le tableau de tous les malheurs qu'elle a causés, compte encore des partisans et a conservé une certaine popularité dans quelques parties de la France, surtout parmi les habitants des campagnes.

Habitants des campagnes ! Ecoutez l'appel que nous faisons à votre raison, à votre patriotisme.

Vous, les travailleurs honnêtes, infatigables, qui êtes la puissance et la source de la richesse du pays, comment la droiture de votre bon sens ne vous a-t-elle pas ouvert les yeux depuis longtemps?

(*b*) Sur le fléau de la guerre, voy. ci-après, aux Annexes, p.

C'est vous qui souffrez le plus cruellement des horreurs de la guerre, qui vous enlève vos enfants et dévaste vos propriétés.

Songez donc au passé pour vous préserver des malheurs de l'avenir....!

IV. — République. — Désormais gouvernement légal du pays en vertu des lois constitutionnelles des 24 et 25 février 1875. — Appréciation de cette forme de gouvernement. — Dignité et supériorité de ce régime sur tous les autres.

Ici, tout d'abord, une remarque historique dont on n'a jamais fait assez ressortir l'importante exactitude :

La République n'arrive que lorsque le gouvernement précédent est tombé sous le poids de son aveuglement, de ses fautes, de ses crimes.

Le Trésor de la nation est vide, épuisé ; tous les services publics désorganisés. Il faut, comme on l'a dit, « faire de l'*ordre* avec le *désordre.* »

Telles sont les circonstances difficiles, redoutables dont la République est obligée de prendre la responsabilité et de subir les conséquences.

Et, par la plus monstrueuse des injustices, on lui imputera plus tard, pour la renverser, les malheurs, les désastres d'une situation qu'elle n'a pas faite ! Alors qu'on devrait, au contraire, remercier et bénir ces hommes patriotes et courageux qui n'ont pas désespéré de sauver le pays de l'abîme où il était plongé.

On se demande toujours comment, au moment de ces catastrophes, *aucun autre* parti que celui de la République ne se présente et ne s'est présenté *jamais* pour prendre, pour ressaisir le pouvoir ?

Pourquoi, par exemple, après les révolutions de 1830 et de 1848, après la chute honteuse du 2e empire en 1870, le parti de la *monarchie légitime*, héréditaire et de droit divin n'est pas venu, avec Henri V à sa tête, l'oriflamme et le drapeau *blanc* à la main, replacer son roi sur le trône de ses aïeux ? Lui qui se proclame le grand parti national, avec un prestige de quatorze siècles de gloire ! ! ! lui qui proclame chaque jour qu'il est le *droit*, la *justice*, la *grandeur morale* ?

Pourquoi, à défaut du roi légitime, les princes de la famille d'*Orléans*, ces rois de l'usurpation de 1830, tous jeunes et réputés si *braves*, ne se sont-ils pas présentés en brandissant le drapeau tricolore pour reprendre le pouvoir que leur père et aïeul avait laissé tomber de ses mains par une résistance insensée aux demandes de réformes les plus justes, les plus légitimes ? Pourquoi ? Parce que de tout temps et aujourd'hui encore, c'est le parti des manœuvres ténébreuses, des embûches déshonorantes, des félonies.

Pourquoi enfin, après les défaites de la guerre de 1870 et même après l'ignominieuse capitulation de Sedan par Napoléon III, le parti *bonapartiste*, qui avait encore en ce moment à Paris une formidable force militaire à ses ordres, n'a-t-il pas pu ou su maintenir cette dynastie des Napoléon?

On accuse les hommes du 4 septembre 1870 et le gouvernement de la défense nationale de s'être emparés du pouvoir, sans droit, arbitrairement. Non, ils l'ont relevé de la honte où il était tombé devant cette puissance morale de l'indignation de tout un peuple, et cela, heureusement, sans avoir répandu une seule goutte de sang.

Que faisaient alors ses défenseurs, ce Sénat, ce Corps législatif si serviles et dévoués; où était ce *vice-empereur*, M. Rouher, qui ose encore aujourd'hui, après tant de honte, agir et conserver sa présomptueuse et audacieuse assurance?

Les voilà tous ces hommes du grand parti *conservateur*. — Nous les reprendrons dans un moment! Ils peuvent en être assurés.

Revenons à la République. — Votée et établie le 25 février 1873, elle est désormais le gouvernement *légal* du pays.

A ce titre seul, elle doit, elle devrait imposer le respect, la soumission à tous.

D'ailleurs, elle est adoptée aujourd'hui, par l'immense majorité de la nation. En 1830 et 1848, elle ne comptait pour partisans qu'une poignée d'hommes à conviction ardente, intrépide et dont la position sociale ne pouvait avoir par conséquent cette autorité qui s'impose aux masses peu-éclairées.

Il n'en est plus ainsi aujourd'hui; dans toutes les classes de la société, les hommes les plus haut placés par leur fortune, par leur intelligence, par leur clairvoyance politique, se sont ouvertement ralliés à la République en nombre considérable. Parfaitement connus dans leurs départements, ils ont entraînés les hésitants, les masses à leur suite.

Le gouvernement républicain offre, d'ailleurs, à tous ceux qui veulent le juger avec la seule raison et au point de vue de la dignité, une incontestable supériorité sur tous les autres régimes quels qu'ils soient.

Un écrivain populaire, *M. Joigneaux*, a fait éclater cette supériorité dans un style exquis, plein de cette finesse et de cette lumineuse clarté qui porte la conviction dans tous les esprits.

Qu'il serait désirable que les classes laborieuses, que les habitants de nos campagnes aient pu lire cet écrit de M. Joigneaux (1).

La République, son nom l'indique (*la chose publique*), est le gouvernement dans l'intérêt de tous, le gouvernement du pays par le pays, au moyen du suffrage univer-

---

(1) Il a été reproduit par l'*Union libérale* du 15 octobre 1875 et par l'*Echo d'Indre-et-Loire*

sel, au lieu d'être le gouvernement par et pour *un homme*, par et pour une *dynastie*.

La République est un gouvernement impersonnel, ouvert à tous.

Les partisans de telle ou telle dynastie se couvrent de la honte ou parjure lorsqu'ils abandonnent le roi ou l'empereur de leur choix pour passer dans le camp d'une autre dynastie.

Ils peuvent venir à nous sans s'exposer à une pareille flétrissure. Car, en servant la République, c'est la patrie, la France qu'ils servent.

Ouverte non seulement aux hommes de tous les partis, mais à tous les progrès, à toutes les modifications et améliorations que l'avenir et la science peuvent amener, la République n'est jamais *immobilisée* dans sa marche ; à la différence des monarchies et des empires qui tombent inévitablement s'ils abandonnent leurs traditions et le principe de leur institution, qui est leur seule raison d'être.

Le caractère essentiel de la République et sous lequel elle montre son incontestable supériorité, c'est de ne jamais *enchaîner l'avenir*.

Ses fonctionnaires, y compris le président de la République, sont, les uns *révocables* à volonté s'ils ne remplissent pas leur devoir ou n'accomplissent pas leur mission, les autres nommés pour un *temps déterminé*, le président de la République, par exemple ; il pourra être réélu, mais une seule autre fois, si les membres de la représentation nationale reconnaissent qu'il a rempli sa haute fonction avec intelligence et loyauté.

Dans les monarchies soit légitimes, soit constitutionnelles, et dans le régime impérial, les générations d'un pays se trouvent rivées, enchaînées à *perpétuité* à la dynastie une fois acceptée.

En effet, ces races princières, qu'elles aient pris le pouvoir par succession naturelle, ou qu'elles l'aient envahi par des coups d'Etat et des crimes, ont toutes la prétention de déclarer dans leurs chartes et constitutions que le trône leur appartiendra, à eux et à leurs descendants à *perpétuité*, de mâle en mâle et par ordre de primogéniture.

Vanité puerile et insensée, à laquelle les événements et l'histoire donnent les plus cruels démentis !

Cette perpétuité des races monarchiques et impériales, veut-on savoir à quelle durée elle se réduit, en moyenne depuis 1804 ? A *quinze* ou *dix-huit ans* !

C'est par une *révolution* ou par un écroulement fatal, que toutes ont disparu, au grand détriment de la nation dont les intérêts et la prospérité sont gravement frappés par la suspension du travail, de l'industrie, du commerce.

Dans la République, de pareilles catastrophes ne sont pas à craindre.

Lorsque le président se retire, soit à l'expiration légal de la durée de sa fonction (quatre années par exemple), soit en donnant sa démission, les représentants du pays nomment son successeur, à la majorité des voix, sans révolution, sans agitations et sans trouble.

On en a vu un exemple frappant en 1873 par la retraite volontaire de M. *Thiers* et la nomination du maréchal de Mac-Mahon pour lui succéder.

Les conséquences désastreuses de cette règle d'*hérédité* au Pouvoir ont été admirablement indiquées par M. Joigneaux, dans l'écrit mentionné ci-dessus.

Voici, dans son style précis et d'une bonhomie lumineuse, comment il s'exprime sur ce sujet :

« Vous nommez, par exemple, un Charles V qui a de la tête ; il fait son temps, meurt, et laisse à sa place un Charles VI, qui est *idiot*. Vous prenez un Henri IV, celui de la poule au pot, un fier homme, ma foi ! et Louis XIII, qui lui succède, n'est qu'un *imbécile*, sauf le respect que je lui dois.

« Vous choisissez un Napoléon Ier qui rosse la Prusse en un mois, et à cause du nom, vous nous mettez plus tard sur les bras un Napoléon III, qui se fait rosser par la Prusse en trois semaines.

« Une fois que vos rois et vos empereurs sont en place, ils tiennent *ferme* ; vous ne pouvez pas les déloger avec des bulletins ; ils ont l'armée et les créatures, et lorsque vous vous plaignez d'eux, ils vous montrent les dents. Il n'y a qu'un moyen de s'en débarrasser, et ce moyen est une *révolution violente* qui a toujours pour résultat de troubler le pays jusqu'au fond et d'arrêter complétement les affaires.

« Voilà la différence qui existe entre une monarchie et une République, entre un roi ou un empereur et entre un président de République, qu'on peut changer à coups de bulletins, et les inconvénients d'un maître, qu'on ne peut changer qu'à coups de fusil : choisissez. »

V. — *Appel aux électeurs. — Règles de conduite à tenir au grand jour des élections du Sénat et des députés, au milieu des piéges, des pressions qui se produiront pour influencer la liberté des votes.*

Si, en présence des irrécusables enseignements de l'histoire rappelés dans les articles précédents, les électeurs sont convaincus que les différents régimes, monarchique, bonapartiste, clérical, tous renversés et déchus, sont irrévocablement condamnés ; — s'ils sont convaincus qu'aucun de ces régimes ne pourrait ressaisir le gouvernement sans livrer de nouveau la France aux horreurs d'une guerre civile et étrangère, pour aboutir fatalement et à courte échéance à une révolution et à une chute nouvelle ; — si les électeurs ont cette conviction, leur devoir est tout tracé :

La République, gouvernement légal actuel, doit être énergiquement maintenue et solidement constituée.

Or, elle ne peut acquérir cette puissance qu'au moyen d'une *majorité* imposante de républicains envoyés au Sénat et à la Chambre des députés.

C'est une condition essentielle sur laquelle on ne peut trop revenir et insister.

Autrement, et si les électeurs nommaient, comme en 1871, un amalgame d'hommes appartenant à tous les régimes adversaires de la République, la France retomberait dans la douloureuse situation où elle se débat encore aujourd'hui, incertaine, inquiète, sans avenir.

Ce serait le maintien de la confusion, du chaos, des tiraillements et l'impossibilité d'arriver à constituer un gouvernement défini, définitif. — C'est l'évidence même.

Pour la nomination du *Sénat*, les règles d'élection sont étranges et sans exemple chez aucun autre peuple.

Le nombre des membres du Sénat est de *trois cents*. (300.)

Soixante-quinze (75) sont nommés par l'Assemblée nationale elle-même, qui y a procédé à partir du 9 décembre 1875 au scrutin, à la majorité absolue des suffrages (la moitié plus un des votants.)

Le reste, les 225 seront nommés dans les départements, non par le suffrage universel, mais par une catégorie d'électeurs du 2e degré, à savoir par les *députés* du département, par les *conseils généraux*, par les *conseils d'arrondissement* et enfin, par des *délégués* nommés par les *conseils municipaux*, *un* délégué par chaque commune, quelle qu'en soit l'importance et la population.

C'est, comme on le voit, les conseils municipaux qui sont les arbitres *décisifs* de cette élection par le nombre de leurs délégués.

Ce sont ces délégués, en effet, qui éliront eux-mêmes les sénateurs au chef-lieu du département avec le concours des membres du conseil général et des conseils d'arrondissements.

Que les conseils municipaux et leurs délégués comprennent bien la situation et leur devoir de patriotisme.

Dans le Sénat, une *majorité républicaine* est tout aussi nécessaire, plus nécessaire peut-être que pour la Chambre des députés.

En voici la raison : D'après l'art. 5 de la loi constitutionnelle de février 1875, on a donné au président de la République le droit exorbitant « de *dissoudre* la chambre des *députés avant* l'expiration légale de son mandat, sur l'*avis conforme du Sénat* et pour l'espace de temps énorme de *trois mois*. »

L'Assemblée nationale, malgré l'ardeur des divers partis qui la divisent, a reconnu elle-même cette impérieuse nécessité. Les sénateurs qu'elle a nommés, il est essentiel de le remarquer, appartiennent en majorité imposante à la liste du parti *républicain*..

Il y a, en France, 36 mille communes ; chaque commune, grande ou petite, ne nommera qu'un *seul* délégué.

Donc un sénat nommé par 36 mille électeurs d'un 2e degré (mettons 38 à 40000 avec l'adjonction des conseillers généraux et d'arrondissement et des députés) aura le droit de faire *dissoudre* la représentation nationale souveraine, élue par le *suffrage universel* direct en vertu de plusieurs *millions* de voix !

Que le choix des délégués par les conseils municipaux se porte donc sur des *républicains*, modérés si vous voulez, mais fermes et convaincus ; et cette redoutable éventualité de dissolution, pleine d'agitations et de périls pour le pays, sera évitée.

Pour l'élection des *députés* nous n'avons pas d'inquiétude, bien que l'Assemblée nationale nous ait ravi le vote au département par le scrutin de liste. Il nous reste le suffrage universel.

Toutefois, il y a, nous l'avons annoncé, des embûches à craindre.

Il y a le danger de la *candidature officielle*, que le ministère entend rétablir.

Il y a, par suite, le danger de la *pression* administrative par les agents et fonctionnaires publics (gardes champêtres, maires et adjoints, sous-préfets et préfets) lesquels, nommés depuis la retraite de M. Thiers, sont tous hostiles à la République.

Il y a aussi, pour effrayer les électeurs, une manœuvre grossière qui consiste à faire un appel désespéré aux grands partis *conservateurs*, afin d'opposer une digue à ce qu'ils appellent le *radicalisme*, les *radicaux*. Grands mots-fétiches, grands mots-épouvantails, quand donc serons-nous débarrassés de votre puérile tyrannie ?

Les radicaux sont, dans le parti républicain, les hommes qui ne se contentent pas de voir inscrit dans la Constitution le mot seul de République et qui, exacts logiciens, réclament les lois, les institutions propres et nécessaires à ce régime de gouvernement.

Est-ce que, à ce titre, les autres partis ne possèdent pas, eux aussi, leurs radicaux ?

Est-ce que les monarchistes de l'extrême droite, qui veulent un roi absolu, appuyé par l'église, le pape et les jésuites, avec les institutions du moyen-âge, ne sont pas des radicaux ? Est-ce que, en effet, on ne les appelle pas « *les ultra, plus monarchistes que le roi* ? »

Est-ce que, chez les bonapartistes, il n'y a pas le parti des *Corses* dont le principe *radical* est de procéder par le parjure, par les coups d'Etat du 18 brumaire et de 1851, en jetant par les fenêtres ou à la porte les représentants déclarés inviolables du pays ? Tandis que le parti de *Jérôme* Napoléon prend un masque plus modéré.

Arrivons maintenant à ces grands partis *conservateurs*, auxquels les monarchistes et les impérialistes de toutes nuances adressent un appel désespéré.

Ici, le mot est d'une ineptie qui le dispute au ridicule.

Ils appellent *conservateurs* précisément tous les partis qui n'ont rien pu conserver ; qui, au contraire, par leurs fautes, leur impuissance et leurs crimes, ont fait successivement écrouler tous les gouvernements depuis 1789 jusqu'à 1870. Tous !

Cette puérile et monstrueuse *contrevérité* a été maintes fois déjà relevée. Voyons

Louis XVI a péri sur l'échafaud ; — Napoléon Ier est mort en exil sur le rocher de Sainte-Hélène ; — Charles X, le dernier des rois légitimes est allé finir ses jours sur la terre étrangère ; — le roi de l'usurpation, Louis-Philippe Ier, a subi le même sort ; — la République de 1848 a été étouffée par les partis monarchistes qui l'avaient cependant acclamée quartorze fois de suite dans la même séance ; — Napoléon III, le héros de Sedan, tombé si ignominieusement, est allé mourir également sur la terre étrangère.

La République de 1870 et la constitution de 1875, que deviendraient-elles entre leurs mains ! Les *Buffet* et tous les ducs, *M. de Broglie* en tête, ne les ont votées que pour les renverser, c'est leur volonté, leur dessein prémédité.

Voilà donc ce que vous avez conservé

dans le passé et ce que vous voulez conserver dans l'avenir, grands partis *conservateurs*, qui osez encore aujourd'hui, par une audacieuse ironie, vous décerner cette qualification mensongère après tant d'impuissance et de ruines !

Il ne se passe pas un seul jour, en effet, sans que cette appellation outrageusement dérisoire ne vienne frapper les yeux ou étourdir les oreilles.

Les journaux de tous les partis réactionnaires ne parlent à chaque page, à chaque colonne de leur feuille, que des partis conservateurs. Dans tous les discours prononcés par les orateurs de ces mêmes partis, c'est la même appellation qui reparaît sans cesse.

Un ministre, M. *Buffet*, le chef du cabinet actuel, tombe dans la même puerilité, dans la même ineptie de langage. Prenez, les discours qu'il a prononcés lors de la discussion de la nouvelle loi électorale et sur l'état de siége. Vous y trouverez répétées plusieurs fois ces expressions textuelles : « Appel aux *grands partis conservateurs*... à l'*opinion conservatrice*... aux *forces conservatrices*. » Il a même été jusqu'a dire : « Le parti *bonapartiste* est *l'avant-garde* du parti conservateur. » *Proh pudor* !

Un homme d'État sérieux, recourir à de pareils moyens de gouverment !

L'emploi de cette qualification mensongère a paru tellement ridicule, qu'un journal sérieux de Paris, l'*Union* légitimiste et catholique, avait renoncé, une fois, à s'en servir. Il avait écrit : « Nous sommes le parti de la *préservation s ciale.* » Dans la bouche de ce parti, le mot est tout aussi mensonger que les premiers.

Électeurs ! c'est à vous qu'il appartient de retenir ces mêmes expressions, d'en faire votre profit et de les rétorquer, avec vérité cette fois, contre les hommes de tous ces différents partis.

Leur nom, leurs opinions vous sont connus. D'ailleurs, dans chaque département on mettra sous vos yeux leurs *votes* depuis cinq années. Vous pourrez les juger à leurs œuvres.

Leur profession de foi, leurs circulaires et leurs discours seront équivoques. Ils se proclameront membres du grand parti *conservateur*, de ce parti qui, vous venez de le voir, a renversé ou laissé écrouler tous les gouvernements. Ils se diront les soutiens, les défenseurs du pouvoir du maréchal de *Mac-Mahon*, mais pour le renverser en 1880 et plutôt si l'occasion s'en présente. Électeurs, ne vous laissez pas prendre à ces mensongères assurances.

Lorsqu'ils viendront solliciter vos suffrages, vous leur direz :

« Par cela seul que vous êtes des can-
« didats présentés et appuyés par les
« fonctionnaires publics hostiles à la
« République, nous vous repoussons. —
« Vous vous êtes défiés du pays, du suf-
« frage universel qui nous avait tous
« élus ; vous nous avez ravi nos fran-

« chises municipales, enlevé le droit de
« nommer nos maires, maintenu l'état de
« siège, entravé la liberté de la presse...
« A notre tour, nous élevons contre vous
« la plus légitime défiance.

« La République est établie légalement,
« nous la maintiendrons. C'est nous qui
« sommes le véritable *parti conserva-*
« *teur.* »

Electeurs ! Lorsque les partisans de la monarchie légitime et de droit divin, de la monarchie constitutionnelle, de l'empire des bonapartistes, du parti clérical, se présenteront à vos suffrages, vous leur répondrez également :

« La République est le gouvernement
« légal du pays : Nous la maintiendrons.
« Nous sommes le véritable *parti conser-*
« *vateur.*

« Les conséquences fatales du retour
« d'un de ces partis, si jamais il pouvait
« avoir lieu, seraient, comme on l'a dé-
« montré dans les pages précédentes, la
« guerre civile et étrangère, les coups
« d'Etat, les spoliations, la ruine définitive
« de la France. Nous voulons épargner au
« pays de pare ls malheurs et de si grands
« désastres.— C'est nous qui sommes le
« grand parti de la *préservation sociale*
« contre vous. »

Telle est la conduite calme et digne que vous aurez à tenir. Vous êtes la force unie au bon droit.

A. SALME.

ANNEXES

(*a*) Si, selon l'affirmation quotidienne de tous ses journaux, la monarchie légitime de Henri V est de *droit divin* ; si, comme ils le proclament chaque jour dans leurs colonnes, la France est *profondément monarchique* et attachée à cette dynastie ; si cette dynastié est la base du *droit*, de la *justice*, de la *grandeur morale*,

Il semble qu'avec un pareil prestige, qu'avec un tel cortége de force et de puissance, le roi Henri V n'a qu'à se présenter pour s'*imposer* à la France par la seule souveraineté de son droit.

Pourquoi donc s'obstine-t-il à rester en exil sur la terre étrangère, inactif, attendant depuis 55 ans qu'on le rappelle ?

N'est-ce pas forfaire à son devoir, à sa dignité de roi, que de ne pas venir revendiquer et exercer son droit qui est légitime, divin, incontestable ?

Aussi bien, il n'a pas à consulter la nation sur la légalité ou l'opportunité de son retour sur le trône de ses aïeux. Il n'a besoin que d'arriver et de s'y asseoir.

Et on a lieu de s'étonner qu'il ait permis que des *tentatives de restauration* et des démarches aient été faites en 1873, près de sa personne, dans le but de lui rendre la couronne qui lui appartient de plein droit.

Craindrait-il, en venant ainsi en roi légitime et de droit divin pour reprendre possession du trône, de rencontrer quelques *obstacles* de la part de sujets incomplétement édifiés sur la puissance morale de ses prétentions, ou quelques résistances de la part de *chassepots* ?

Alors son devoir est tout tracé. Il a devant les yeux, depuis trois ans bientôt, un exemple à suivre, la conduite de son frère et cousin en royauté légitime et de droit divin, le roi *d'Espagne*, Charles VII, ou *Don Carlos*.

Celui-ci n'hésite pas, pour ressaisir la couronne d'Espagne, de mettre son pays à feu et à sang.

La guerre qu'il livre à ses propres sujets n'est pas la guerre dans le sens ordinaire du mot ; c'est une œuvre de brigandage, de terreur, de représailles les plus cruelles...

Est-ce là, pour Henri V, un exemple à suivre ? Oui, si l'on veut s'en rapporter à toutes les feuilles monarchiques et légitimistes de Paris et des provinces françaises.

En effet, toutes ces feuilles sont remplies d'admiration pour la conduite et la grandeur d'âme de Don Carlos...

Pleines d'enthousiasme, elles glorifient chaque jour tous les actes; tous les exploits de ce roi assassin de ses propres sujets.

Donc Henri V viendrait en France, s'il le voulait ou s'il le *pouvait*, exercer les mêmes ravages pour reconquir le trône de ses aïeux, que les journaux légitimistes n'auraient qu'à louer et à applaudir. Autrement, ils seraient inconséquents avec eux-mêmes.

Voilà à quels excès peuvent porter l'aveuglement et les passions politiques !

(*b*) Si, en présence d'un pareil état de choses, il est démontré à tous les hommes, sans distinction de classes, que la guerre n'est qu'une barbarie monstrueuse, comme nous l'avons qualifiée, il faut espérer que le XIXe siècle ne s'écoulera pas sans qu'elle soit rayée et prescrite à jamais du code des nations du monde entier.

Pour arriver à la réalisation de ce bienfait, dont les heureuses conséquences seraient inappréciables, que faut-il ?

La confection d'un nouveau *droit des*

gens, dans lequel la guerre sera bannie, interdite de la manière la plus absolue chez tous les peuples.

A cet effet, un grand et solennel *congrès* sera formé. Il sera composé des délégués ou représentants des différentes nations du monde, en nombre proportionnel à la grandeur et à la puissance de chacune d'elles.

Constitué en une haute *juridiction internationale*, le congrès prononcera d'une manière *souveraine*, aux deux tiers des voix, par exemple, sur toutes les difficultés, sur toutes les réclamations, sur toutes les plaintes qui s'élèveront entre tel ou tel peuple, entre telle ou telle nation.

Depuis un temps immémorial, on a reconnu que les différends entre *particuliers* ne peuvent être résolus que par une justice organisée, c'est-à-dire par des *tribunaux* et non plus par la raison du plus fort et par la force brutale.

Pour quel motif n'en serait-il pas de même des differends, des difficultés qui surgissent entre les *peuples* ? Pourquoi ne pas les faire résoudre également par les notions de la justice et de l'équité et non par la force brutale, aveugle, insensée de la guerre ?

Le grand tribunal international, composé des hommes les plus remarquables par leur position, par leur intelligence et leur savoir, et délégués par les différents peuples du monde, prononcera sur toutes les difficultés qui n'auraient pu être résolues que par la guerre.

Il reconnaîtra de quel côté sont les torts et les exigences injustes, en condamnant qui de droit aux réparations et *restitutions* légitimement demandées.

La nation condamnée sera forcée de se soumettre à la décision du congrès, sous peine d'être écrasée par les armées coalisées et solidaires des autres peuples.

BIBLIOTHÈQUE NATIONALE IMPRIMÉS R.F.

39

www.ingramcontent.com/pod-product-compliance
Ingram Content Group UK Ltd.
Pitfield, Milton Keynes, MK11 3LW, UK
UKHW020450230726
13925UKWH00005B/1857